AF279056

NÉCROLOGIE

MADAME

JULES MALLET

Morte à Cauterets (Hautes-Pyrénées)

Le 11 septembre 1856

PARIS

TYPOGRAPHIE DE CH. LAHURE

IMPRIMEUR DU SÉNAT ET DE LA COUR DE CASSATION

RUE DE VAUGIRARD, 9

MADAME JULES MALLET.

Dieu est pressé de reprendre les siens! Soit misé-
ricorde pour ceux qu'il appelle, soit rigueur pour
ceux qu'il laisse, il a, depuis une année, retiré suc-
cessivement de ce monde des cœurs d'élite, dont le
souvenir planera longtemps au-dessus de la tombe.
L'enfance, les salles d'asile surtout, sont frappées
par ces pertes cruelles. Il y a un an, c'était Mme *Dou-
bet*, puis la sœur *Rosalie;* hier, c'était M. *Fortoul*, le
ministre tutélaire; aujourd'hui, c'est Mme *Jules*
Mallet, qui, après eux, va demander à Dieu le prix
de ses œuvres!

Mme *Jules* Mallet! Ce beau nom réveille tant de
souvenirs, se rattache à tant d'œuvres de bienfai-

dant le dévouement par son exemple, transformer en ambulance un hôtel vaste et salubre, y recueillir les malheureux que les hôpitaux comblés ne pouvaient plus recevoir, et là, inaccessible aux dangers imaginaires, bravant avec la plus admirable simplicité les dangers réels, servir les malades, exhorter les mourants, consoler les désespérés, promettre à la mère d'adopter ses orphelins, à l'époux de prendre soin de sa veuve, au jeune homme de soutenir sa vieille mère.... Et ces dettes sacrées elle les a acquittées scrupuleusement. Le monde l'ignore, mais la reconnaissance nous l'a dit!

Une médaille fut offerte à cette occasion par la ville de Paris à Mme Jules Mallet comme témoignage d'admiration. Mais cet hommage, si dignement mérité, sa mémoire l'oublia vite; son cœur touché en garda seul le souvenir.

En 1849, le choléra revint encore, moins terrible cette fois, mais décimant les quartiers pauvres. La vénérable sœur Rosalie, digne fille de saint Vincent de Paul, s'en alla par les rues dévastées, suivant la mort, et ramassant derrière elle les petits enfants qu'elle laissait orphelins.... Mais le nombre en était si grand! Elle ne pouvait les embrasser tous! Pleine d'émoi, elle allait appeler à son aide Mme Jules Mallet, quand celle-ci l'aperçut, courut à elle, et ces deux nobles femmes qui se comprenaient si bien et s'aimaient si tendrement, se partagèrent la tutelle des nouveaux *enfants-trouvés*.

Mme Jules Mallet leur improvisa un asile dont la direction fut remise à des mains éprouvées. Elle *nourrit ces petits, les vêtit, les réchauffa,* selon la parole de l'Évangile, et plus tard, lorsque quelques cas de maladie déclarés parmi ses enfants adoptifs lui firent craindre pour eux le séjour de Paris, elle les emmena avec elle, comme l'eût pu faire la mère la plus tendre, à Jouy-en-Josas, ce frais bosquet, ce nid pur et salubre de son enfance, où elle passait la moitié de l'année, où des bienfaits marquaient tous ses pas, hélas! où bien des cœurs l'attendaient!.. où bien des larmes coulent à cette heure!

Au nombre des pieuses missions qui ont été remplies par Mme Jules Mallet, il en est une qui nous touche plus particulièrement; qu'elle aima par-dessus toutes les autres, et qui occupa la plus grande place dans sa vie : *l'œuvre des salles d'asile.*

Dès 1825, Mme Jules Mallet s'unissait à Mmes de Pastoret, de Champlouis, de Varaigne et plusieurs autres dames, sous la présidence de M. l'abbé Desgenettes, curé des Missions étrangères, et avec le concours de M. Cochin, cet homme éminent si digne de devenir son ami, pour fonder, non sans peine et sans frais, un premier refuge de petits enfants qui, confié à deux sœurs de la Providence, fut comme l'ébauche de la *salle d'asile.*

Une fois ce refuge constitué, il fallait établir une méthode, des règlements, faire connaître et propager l'institution. En face de ces diverses nécessités l'esprit organisateur de Mme Jules Mallet, si apte à discerner le but, sut merveilleusement choisir et diriger les moyens. Elle comprit, avec M. Cochin, tout ce qu'il y avait d'activité communicative et de précieuses ressources dans le caractère, dans la nature même de Mme Millet, et elle ne négligea rien pour les utiliser au profit de l'œuvre naissante.

En 1837, lorsqu'après une série de vicissitudes dans le récit desquelles nous ne pouvons entrer ici, les salles d'asile furent adoptées par la ville de Paris, et reçurent avec le caractère municipal une certitude de stabilité que ne pouvait leur assurer la bienfaisance privée, Mme Jules Mallet ouvrit les deux mains, et laissant aller à d'autres cette œuvre enfant de son cœur, elle étouffa les regrets pour ne sentir que la joie.

Il semblerait que dès lors la mission de Mme Jules Mallet dans les asiles fût terminée ; mais non, car, après un devoir rempli, personne mieux qu'elle n'était ingénieux à s'en créer un autre. Sa vie était la justification de cette parole : « *Rien n'est fait, tant qu'il reste à faire.* » L'existence budgétaire des salles d'asile assurée, il restait l'existence matérielle des enfants à secourir et leur direction morale à surveiller.

Pour secourir les enfants, un comité de dames fut formé sous la présidence de Mme Jules Mallet, et tous les pieux stratagèmes de la charité, loteries, ventes, concerts, souscriptions, amenèrent chaque année dans les mains de ce comité, des sommes dont l'emploi, scrupuleusement réparti entre les enfants pauvres, fut un adoucissement aux dures privations que ramène l'hiver.

Pour la direction morale des enfants, pour l'éducation de leurs institutrices, pour la propagation des salles d'asile et le développement normal de cette institution, Mme Jules Mallet fit à la fois partie de la commission supérieure (établie sous les auspices et l'inspiration immédiate du ministre de l'instruction publique) et de la commission d'examen du département de la Seine.

A la commission d'examen, à ce tribunal toujours si redouté des candidats forts ou faibles, personne plus que Mme Jules Mallet ne sut allier le tact sûr, la pénétration sévère qui scrute, pour ainsi dire, jusqu'au fond de l'âme, avec la bonté, l'indulgence des manières, avec cette physionomie gracieuse, ce son de voix caressant qui calmaient l'émotion, chassaient la crainte, rendaient l'espoir et le courage aux aspirantes les plus troublées !... Toutes s'en souviennent ; et celles qui liront ces pages me remercieront dans leur cœur d'avoir consacré ici l'expression de leur reconnaissance.

A la commission supérieure, comme partout, Mme Jules Mallet fut l'une des plus actives, des plus éclairées, des plus sincères amies des salles d'asile. Il n'est pas une sage mesure, pas une disposition prévoyante qu'elle n'ait provoquée ou appuyée. On comptait sur elle pour beaucoup de choses, et l'on avait raison.

Une grande partie de la correspondance avec les asiles des départements, les renseignements à chercher, les instructions à transmettre, les démarches pour obtenir, les enquêtes pour accorder, les questions à étudier, les obstacles à vaincre, tout lui venait, et elle acceptait tout, comprenait tout, suffisait à tout, car son amour était inépuisable !

A ces qualités presque viriles d'organisateur, Mme Jules Mallet joignait les qualités aimables du cœur et de l'esprit qui caractérisent la femme. Ses facultés en s'étendant l'avaient complétée et non dénaturée. L'énergie n'avait rien ôté à la grâce ; elle était restée femme selon la douceur et le charme de l'expression. Tout ce qu'elle a écrit, soit pour l'intimité, soit pour le public, respire les sentiments les plus purs et les plus tendres. De ses ouvrages (publiés sans nom d'auteur, mais que les lecteurs savaient bien deviner), nous ne citerons que l'appendice de la troisième édition du *Manuel Cochin*, où s'épanchent les aspirations de ce noble cœur, et le volume des *Cantiques et chansons pour les salles d'asile* arrivé à la septième ou huitième édition.

Dans ces chants, doux fruits de ses rares loisirs, elle enseigne à l'enfant, par les plus aimables leçons, la piété, l'amour du devoir, la reconnaissance. Qui n'a chanté avec attendrissement ce touchant et ravissant morceau intitulé : *Ma mère ?*

La dernière tâche de Mme Mallet, comme membre de la commission supérieure, fut sa participation à la création de la *maison d'études* nommée plus tard : *École normale*, puis aujourd'hui: *Cours pratique pour la direction des salles d'asile.*

L'ordonnance royale du 22 décembre 1837, ordonnance due à la sollicitude de M. de Salvandy, alors ministre de l'instruction publique, en élevant les maîtresses d'asile à la dignité d'institutrices, leur imposait désormais un examen et l'obtention d'un certificat d'aptitude. Le ministre songeait depuis lors à la nécessité résultant de cette ordonnance, d'une organisation fixe et uniforme de l'enseignement. Il désirait établir une maison dans laquelle les aspirantes pussent aller demander et recevoir, d'une manière complète, tout ce qu'exigeait d'elles le programme d'examen.

On avait même déjà cherché un local ; mais des difficultés de plusieurs sortes avaient jusque-là retardé l'exécution, lorsqu'en 1846 les circonstances parurent favorables, et M. de Salvandy chargea Mme Mallet, Mme de Varaigne, ainsi que plusieurs autres dames de la commission supérieure, de réaliser cette féconde pensée.

Nous ne dirons pas combien les vicissitudes des temps rendirent cette tâche laborieuse pour Mme Mallet et ses collègues ; combien il fallut d'efforts, de persévérance, de dévouement pour la mener à bonne fin.... « *Surmontons le mal par le bien,* » disait-elle souvent. Et cette généreuse espérance ne devait point être déçue. Aujourd'hui, sous la protection éclairée des ministres de l'instruction publique et de personnages éminents dont le cœur inspire la pensée, le germe semé il y a dix ans a grandi, et le décret impérial du 24 mars 1855 a assuré son existence. Mme Jules Mallet faisait partie de la commission de surveillance qui avait succédé au premier comité administratif : commission intelligente, sympathique, qui appréciait cette belle âme, et au sein de laquelle son absence se fera douloureusement sentir.

La simplicité de Mme Jules Mallet, sa modestie, étaient si grandes, si sincères, que personne ne pourrait dire, car personne ne le sait, pas même sa famille bien-aimée, tout le bien qu'elle a fait, toutes les œuvres qu'elle a créées ou inspirées, ou aidées de sa fortune, de ses efforts et de ses lumières; tous les pauvres qu'elle a soutenus, tous les affligés dont elle a surpris et séché les larmes, les coupables même qu'elle a amenés au repentir et qu'elle a relevés ! Mais ce que savent tous et chacun, ce que la reconnaissance et l'admiration crient aujourd'hui sur sa tombe, c'est que jamais elle ne fut implorée en vain ! « *Je vous remercie,* écrivait-elle dernièrement à une personne qui lui offrait de nouveaux orphelins à adopter, *je vous remercie mille fois du fond de mon cœur de votre confiance qui ne sera point trompée ; faites-moi*

ma part aussi large que vous voudrez ! » Chaque année mauvaise, chaque misère publique inspirait à ce
cœur aimant de nouvelles ressources, de nouvelles
combinaisons pour venir en aide à l'humanité souf-
frante. Dans les conseils, elle stimulait les esprits par
sa parole convaincue. Faire partie d'une *œuvre*, n'é-
tait pas pour elle un titre, un honneur, c'était un
devoir selon toute la rigueur de sa conscience. Elle
y mettait non-seulement sa bourse, mais, ce qui est
encore plus efficace, encore plus secourable que
la fortune, elle y mettait son temps, son intelli-
gence, son ardeur, son inépuisable bonté, son
infinie douceur envers les souffrants de corps ou
d'esprit.

Elle multipliait sous toutes les formes sa généreuse
assistance; elle s'ingéniait, se tourmentait pour dé-
couvrir les infortunes. Elle ne les attendait pas dans
son abondance; elle allait les chercher dans leur
dénûment! Elle agissait le jour, écrivait la nuit, pen-
sait sans cesse. Elle était enfin, on peut le dire, pos-
sédée par l'ange de la charité!

Oh! qu'elle a bien mérité tout ce bonheur qui avait
autrefois alarmé son âme! Elle en demandait grâce
à Dieu par ses œuvres, et Dieu lui a accordé l'objet
de cette féconde prière : tout ce qu'il lui avait donné,
il le lui a laissé. Les larmes qui coulent aujourd'hui
sur elle lui ont été épargnées. Le parfum de sa vie
restera partout où elle a passé. Ses œuvres, ses bienfaits ne mourront point avec elle; et la suprême con-

solation de sa désolée famille sera de recueillir pieuse-
ment cet héritage d'orphelins, de jeunes filles, de
vieillards, d'infortunés de toutes sortes qu'elle lui a
laissés, et dont les prières et les regrets sont la seule
richesse que l'on puisse emporter de ce monde.

Marie PAPE-CARPANTIER

22 septembre.

www.ingramcontent.com/pod-product-compliance
Lightning Source LLC
Chambersburg PA
CBHW071704030726
47598CB00005B/2233